Descargo de responsabilidad: El cambio de divisas es un concepto difícil de explicar y es duro obtener beneficios consistentes operando en este mercado. Existe el riesgo de perder todo o parte de tu inversión inicial.

Dr. Gregory Arana

INTRODUCCIÓN

Hay cientos de libros y blogs sobre el mercado de divisas (Forex). ¿Qué hace a este libro especial?
Tengo la capacidad especial de coger conceptos complejos y hacer que sean fáciles de entender. Este libro te presenta los fundamentos de Forex. También te lleva en un viaje rápido desde no saber qué demonios es Forex hasta operar con una cuenta de demostración con un broker de Forex.
He invertido cientos de dólares en aprender sobre este mercado. Existen miles de maestros y mentores de Forex que usan numerosas combinaciones de métodos de trading e inversión.
Es fácil sentirse abrumado y agobiado con la sobrecarga de información.
Estoy aquí para presentarte C.A.E.S.E.R.
Se trata de un nemotécnico que creé para darle sentido a todo el ruido y la distracción de Forex y ponerte en marcha para que practiques y te beneficies rápidamente.
Voy a ser claro. Éste es un mercado complejo y hay mucho que aprender. Lo que he incluido en este libro es un kit de inicio básico.
Al final de la lectura de este libro sabrás lo suficiente sobre las oportunidades en este mercado como para tomar una decisión.
Decidirás practicar y aprender a operar para obtener unos ingresos independientes a tiempo completo.
El trading en Forex no es un hobby.
Si quieres perder dinero... el casino es mucho más agradable para eso. Suele haber bebida y comida gratis para los jugadores.
Estamos en una época de desarrollo y expansión rápida de la tecnología y de los mercados financieros. Hay una necesidad de equilibrio en tus inversiones.
Te sugiero que explores la inversión en Forex como una fuente de ingresos que tiene el potencial de crecer hasta la grandeza, si se hace bien.
El libro WTF (qué demonios) está aquí para ayudarte a que eches la vista atrás uno o dos años y digas con convicción: ¿Qué demonios? ¡Soy millonario!
¿Y si este libro te hace ganar cientos o miles? ¿Merecería la pena mi plan de acción? La respuesta correcta es sí y sí.

¿QUÉ ES ESO QUE HAY EN EL CIELO? ¿ES UN PÁJARO? ¿ES UN AVIÓN? ¡NO, ES UN TRADER DE FOREX!

Sé que puede que te estés preguntando qué demonios tiene que ver una vista de pájaro con operar en Forex.

Estaba viajando a Maryland hace unas semanas para asistir a un curso de formación con el maestro del marketing Anik Singal.

El grupo de empresas de mi mentor recaudó 50 millones de dólares en ingresos online el año pasado. A mí me gusta invertir con el mejor y aprender del mejor.

Yo estaba mirando por la ventana del avión soñando despierto sobre lo que hace falta para convertirse en millonario.

Estábamos volando alto en el cielo y yo estaba mirando hacia abajo a un manto mullido de nubes blancas.

A medida que el avión empezó a descender para aterrizar, empecé a pensar que así es como un pájaro, un avión o incluso Superman se deben sentir. ¡Volando a través del aire más rápido que una bala!

Al principio, el suelo estaba demasiado lejos, y no podías ver ningún patrón con claridad.

A medida que el avión bajaba más y más, primero veías el perfil de las casas, y luego aparecían las principales autopistas.

Cuanto más se acercaba el avión al aeropuerto, más claro parecía todo.

Se empezó a vislumbrar la locura del tráfico de la hora punta del área de DC en la carretera de circunvalación.

Podías ver cientos de vehículos moviéndose en distintas direcciones a medida que las carreteras más pequeñas y estrechas se hacían visibles.

Los vehículos que van al norte son los compradores y los vehículos que van al sur los vendedores... Detalles en tu informe gratuito en www.firedupforex.com

Justo antes de aterrizar, mi vista se redujo dramáticamente.

Sólo la pista de aterrizaje del aeropuerto era visible por la ventana del avión. (Ésta es la visión de un especulador del mercado Forex)

¡Tuve un momento ajá! Lee acerca de mi descubrimiento y de por qué el mercado es como una serpiente en www.firedupforex.com

Un trader de Forex obtiene beneficio reconociendo patrones. Por ejemplo, si estás operando con el par GBP/USD (libra esterlina/dólar estadounidense), puede que seas capaz de ver un patrón de tendencia bajista (venta) en el gráfico semanal.

Bajas un poco hasta la vista del gráfico diario para analizar y comprobar si hay un patrón para comprar o vender.

Por último, echas un vistazo al gráfico por horas para determinar cuál es el patrón y cuál es la dirección actual del mercado.

Pregunta: ¿Debería entrar en el mercado comprando? ¿o vendiendo?

Pregunta: ¿Está el mercado tan agitado hoy que debería quedarme fuera y proteger mis beneficios hasta mañana?

Los patrones se vuelven más claros a medida que te acercas. Esta simple estrategia de análisis aumenta considerablemente tus oportunidades de alcanzar el éxito de manera consistente.

Si deseas entender más a fondo los misterios de operar con éxito en Forex, visita www.firedupforex.com

y recibe una copia gratis de "El mercado FX es una serpiente".
Tú no eres un pájaro, no eres un avión, ¡ni siquiera eres Superman!

¡Pero yo puedo mostrarte cómo convertirte en un excelente trader de Forex!
Te prometo que te divertirás y te educarás en www.firedupforex.com

¿CUÁLES SON LOS 6 PASOS SECRETOS para pasar de cero a héroe en el mercado Forex?

CAESER... conquista tus miedos, despierta tu grandeza interior y conviértete en un Emperador de Forex
C de CONOCE LA FUERZA DE LAS DIVISAS
A de ANALIZA
E de ENTRA
S de STOP PÉRDIDAS
E de ESCAPA
R de REPITE ESA MIERDA

1. Conoce la fuerza de las divisas... la base de mi método C.A.E.S.E.R

2. Analiza: ¿CÓMO PUEDO APRENDER a predecir dónde se moverá el MERCADO FOREX a continuación?
Pares de divisas, fuerzas relativas de las divisas, puntos fuertes versus puntos débiles del trading. ¿De qué manera me ofrece una ventaja la fuerza de las divisas en el trading de Forex?

3. ENTRA. ¿Cómo ENTRO EN UNA OPERACIÓN alcista, bajista, tendencial?

4. STOP PÉRDIDAS

5. ESCAPA (SAL)

6. REPITE ESA MIERDA

La cuenta atrás final: ¿QUÉ LISTAS NECESITO PARA OPERAR CON RAPIDEZ?
Lista de actitudes
Lista de gestión de riesgos
Lista de brokers
Lista de plan de trading: planifica tus operaciones y luego opera según tu plan
Referencias
Apéndice: enlaces a más información y sitios web clave sobre trading

Capítulo 1

"Emancípate de la esclavitud mental, nadie más que nosotros puede liberar nuestras mentes."   Bob Marley

¿Qué demonios es Forex? ¿y por qué debería leer este libro? Forex es el mayor océano de oportunidades financieras del mundo. Cada día se comercia con cinco billones de dólares en el mercado Forex.
Repito: ¡CADA DÍA SE COMERCIA CON CINCO BILLONES DE DÓLARES EN EL MERCADO FOREX!
Cuando empecé con Forex hace cinco años, el volumen de mercado era de 3 billones de dólares al día.
Es difícil para la mayoría de la gente visualizar un millón o incluso mil millones de dólares. Un billón de dólares son un millón de millones. Te ofrezco un desglose detallado del aspecto que tiene un billón un poco más tarde.
Bienvenido al mundo de la riqueza de Forex.
¿Por qué estás aquí? Para cada lector, la respuesta será un poco diferente. Supongo que todos mis lectores están interesados en crear riqueza por diversas razones.
Si quieres crear o generar riqueza, entonces estás en el lugar adecuado. Tengo un libro relacionado llamado Fired Up Forex que pronto estará disponible para los inversores avanzados en www.firedupforex.com. Fired Up Forex ofrece una formación más a fondo sobre las estrategias para los traders intermedios y avanzados que desean aumentar sus ingresos y mejorar sus vidas.
¿Por qué deberías leer este libro concreto sobre Forex? ¿Qué me hace único?
He desarrollado la capacidad de coger conceptos de inversión complejos y enseñarlos de una manera simple para que te resulte fácil de digerir.
La vida en Forex puede ser complicada.
Me hizo falta un esfuerzo tremendo para separar el grano de la paja y quedarme con lo más importante. Soy científico, matemático y escritor. Esta combinación única hace que mi libro sea diferente de todos los demás libros sobre Forex que a menudo son áridos y analíticos.
Los libros de formación sobre Forex e inversión suelen ser difíciles de leer e incluso más difíciles de comprender.
Invertir es un tema poco común y muy amplio. Invertir es generalmente aburrido... pero puede ser emocionante si se hace bien.
Estoy aquí para aportar sabor de manera que Forex sepa bien. Quiero que disfrutes digiriendo estos conceptos, mientras te ayudo a ganar dinero.
Operar en Forex significa ganar dinero operando con dinero.
¿A que es emocionante? ¿A quién no le encanta ganar dinero?
¿Quién soy yo y por qué deberías escucharme?
Soy un médico formado en la Universidad de las Indias Occidentales. He practicado la medicina durante 20 años en Jamaica, Belice y ahora Estados Unidos (de ahí el sabor caribeño).
Practico la cirugía a diario en Florida del Sur. También tengo un título universitario con honores en Biología y Matemáticas de la Universidad Regis en Denver, Colorado.
Mis conocimientos de ciencia y matemáticas me ayudaron a comprender rápidamente algunos conceptos de tendencias y gráficos.

Soy muy bueno detectando tendencias. Me gustaría mostrarte qué tendencias debes buscar a la hora de operar en Forex.

Honestamente, mi estelares logros académicos me fueron de muy poca ayuda cuando empecé el trading de Forex con mi propio dinero real.

Aprender a perder es la lección más importante en las inversiones. Cuando pierdas, no pierdas la lección. Lo bueno es que cualquier trader puede y debería determinar cuál va a ser la pérdida máxima ANTES de entrar en la operación.

La opción STOP PÉRDIDAS es la S de la estrategia de seis pasos que voy a describir.

Tú también sentirás ansiedad cuando sea la hora de entrar en tus primeras operaciones en Forex, ya que puedes llegar a perder cientos o miles de tu dinero.

Pero se ganan cientos de miles de dólares. Muchos de tus demonios psicológicos profundamente ocultos alzarán sus feas cabezas.

Lo más importante en el trading de Forex en vivo es dominar tus miedos. Cuando pasamos esta fase, aprendemos a controlar la emoción. Debemos construir una mentalidad de riqueza consistente para tener un éxito consistente; en Forex específicamente, y en la vida en general.

Una vez que elimines las emociones, el trading es simplemente aprender a planificar tu trabajo y trabajar en tu plan.

Este libro trata de llevarte al punto de éxito interior, para que puedas manifestar el éxito exterior. Estoy aquí para dirigirte con un puntero láser hacia todos los recursos que necesitas para lograrlo.

Regístrate para obtener mi orientación gratuita sobre consejos y tendencias de Forex actuales en www.firedupforex.com

Plan sugerido: Practica el trading con una cuenta de demostración (imitación) después de leer este libro.

Cuando hayas hecho 100 operaciones, puedes abrir una cuenta real con $1000. Con el apalancamiento, esto te permite operar con seguridad a 50 céntimos por pip. 0,05 o la mitad de un mini-lote.

El primer objetivo es un beneficio neto de 100 pips por día de trading. Eso significa que las ganancias menos las pérdidas suman $50 por día a tu cuenta de trading.

Eso se traduce en un crecimiento constante del 5% cada día de trading. Eso significa que, en diez días o dos semanas de trading, es posible que obtengas $500 de beneficio si abriste tu cuenta con $1000. También podrías obtener la mitad y tener $250 de beneficios.

Hay una curva de aprendizaje pero es importante que operes con tu dinero real, ya que este viaje emocional es diferente si se opera con dinero ficticio.

¿Y si tardas cuatro u ocho semanas en conseguir $500 de beneficio? Eso sigue siendo un beneficio posible del 50% en dos meses.

Es probable que la mayoría de personas tarde hasta un año en alcanzar la constancia.

¿Merecería la pena tener una habilidad que puede generar un 50% de beneficio sobre cualquier cantidad en un año? La respuesta correcta es sí.

Ten en cuenta que, una vez que domines esta habilidad, es posible hacer lo mismo en un día. He presenciado personalmente como uno de mis mentores obtenía $20.000 de beneficio en un día.

He entrevistado personalmente a un maestro de FX que obtiene unos ingresos netos medios de $50.000 al mes operando con una cuenta de $200.000. Esto fue 5 años antes de escribir este libro.

El dinero depositado en las cuentas bancarias de ahorros en Estados Unidos crece actualmente un 1-2% al año... si tienes mucha suerte. Incluso un depósito fijo en unos de los principales bancos rinde un 1,5% en 2018.

En el aprendizaje del trading de Forex, nos interesa un crecimiento neto del 1-2% cada día. Además, no hay máximo. La naturaleza de Forex es que no hay límite respecto a cuánto puedes crecer.

Perder es terrible. Es más importante aprender a perder que aprender a ganar en Forex.

¿Por qué digo eso? Es fácil continuar operando si estás ganando. Si pierdes 5 operaciones seguidas, entonces debes asegurarte de que esas pérdidas no te dejen limpia tu cuenta (gestión de riesgos).

Yo te ayudo a prepararte a operar. Tú debes preparar tu mente para absorber esas pérdidas psicológicamente.

Desarrollas una mentalidad ganadora porque crees en el sistema de trading y ejecutas las operaciones según el plan.

El éxito es una fórmula. Al gestionar el riesgo versus la recompensa, puedes fallar la mitad de tus operaciones y aún así llevarte dinero al banco. Los mejores traders de Forex del mundo sólo aciertan 6 o 7 de cada 10 operaciones (es decir, el 60% del tiempo).

Una vez que tengas seguridad y obtengas beneficios consistentemente, puedes empezar con un depósito de $2000 o $5000 en tu cuenta de broker. Luego puedes operar $1 por pip o $5 por pip usando el apalancamiento del broker.

100 pips netos por día significa que estás ganando de $100 a $500 netos por día de trading en tu cuenta. Ganarás algunas operaciones y perderás otras.

Así es como funciona el trading. Te enfadarás contigo mismo, tu perro, tu madre y tu broker cuando pierdas.

Si eres constante y sigues operando conforme al plan, al final acabarás creciendo y operando sin emoción. Ahí es cuando te acercas a la maestría.

Los maestros traders pierden dinero. Un maestro trader cuyo sistema seguí obtuvo ganancias netas durante 11 meses. El mes que me uní a su sistema automatizado, perdió por primera vez.

No hay garantías.

Puedes ver que, una vez que aprendes cómo ganar pips de manera consistente, es posible aumentar los beneficios de muchas maneras.

Puedes coger un tamaño de lote más tarde
Puedes coger más operaciones con la misma divisa
Puedes operar con múltiples pares de divisas
Puedes bloquear los beneficios cuando el mercado se mueve en tu dirección para operar sin riesgo

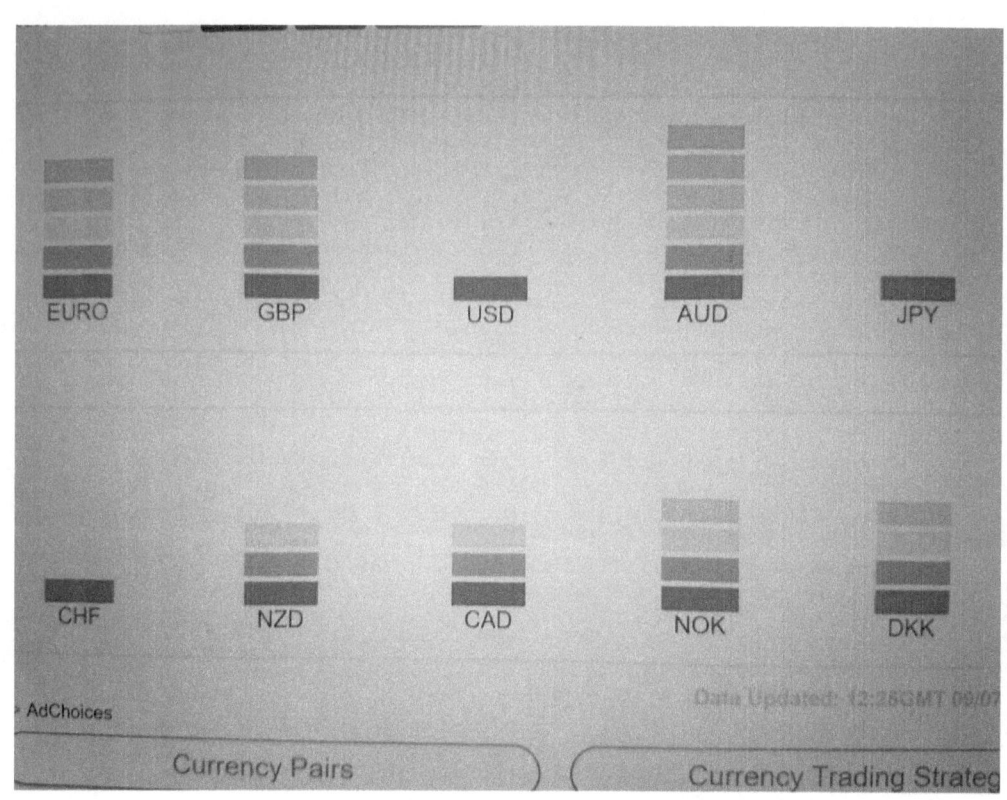

EUR, GBP, AUD están fuertes mientras USD, JPY, CHF están débiles

OPORTUNIDAD DE TRADING EN MÚLTIPLES PARES DE DIVISAS

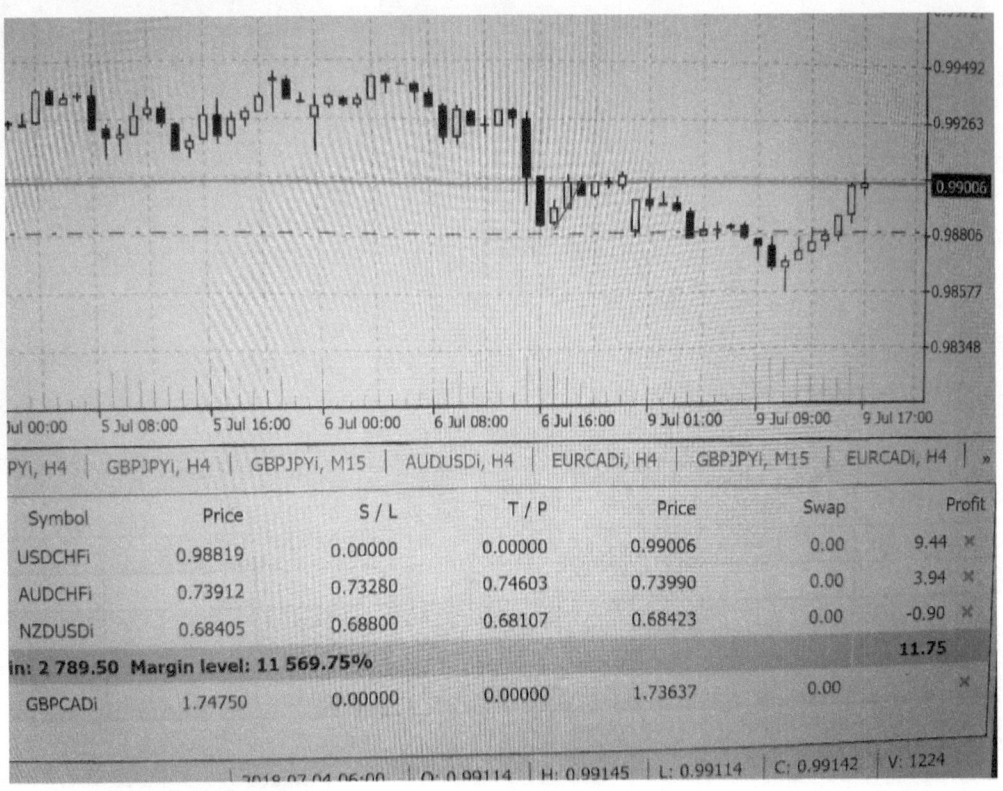

¿Por qué quise aprender a operar en Forex?
He sido un profesional médico empleado durante los últimos 20 años.
Aunque disfruto ayudando y sirviendo a los demás, nunca me ha gustado ser un empleado.
Los empleados pueden tener buenos ingresos, pero están limitados por el hecho de que otra persona determina el máximo que pueden cobrar.
En América, te pueden despedir sin motivo en cualquier momento, y las leyes están creadas para proteger a las corporaciones, no a los individuos.
Tener a un empleador significa que siempre hay un límite respecto a lo que puedo ganar por hora. En el pasado he trabajado turnos extra de noche de 12 horas los sábados.
Esto me hizo ganar unos ingresos brutos de $90.000. Pero también me fastidió.
También me hizo estar más que harto todo el tiempo. Trabajar 60 horas a la semana, 6 días a la semana me hizo estar harto de estar más que harto.

El 30% de mis ingresos como empleado van automáticamente al gobierno en impuestos prepagados. Esto desaparece automáticamente sin pasar por mi cuenta bancaria. Es como ganar dinero del Monopoly. No se cobra.
Luego otro 20% va automáticamente a las facturas recurrentes y a los pagos de los seguros.
Tu situación puede ser similar a la mía. Cuando leas esto, puede que tu situación financiera sea mucho mejor o mucho peor.

La buena noticia es que esto no importa. Lo que importa es que, si aprendes a operar en Forex con éxito, tú determinas tus propios ingresos.
Mi amigo íntimo y mentor, Paul Lecky, a menudo me recordaba que tus ingresos determinan tus resultados.
El trading de Forex puede ayudar a emprender el camino hacia donde quieres estar... independientemente de dónde estés ahora.
La realidad es que el elevado coste de la vida suele superar a los ingresos incluso para los empleados muy bien remunerados.
Mi vida financiera en América ha significado principalmente ser un esclavo del reloj y un esclavo de un empresario.
A la mayoría de la gente que tiene un negocio le puede ir mejor económicamente pero aún así están limitados por las exigencias de sus negocios sobre su tiempo, su libertad y sus ingresos.
Cualquiera puede operar en Forex con un portátil y acceso a Internet.
Hace falta concentración y trabajo, pero ahí reside el verdadero poder.

Es el tipo de poder que, una vez que lo tienes, nadie te puede arrebatar.
Hay muchos millonarios y multimillonarios que tienen dificultades financieras. Los realmente poderosos pueden recuperarse rápidamente gracias a lo que saben.
Su poder no está en el dinero, está en su conocimiento.
Sé que te puede venir a la mente Donald Trump... pero muchos de los mejores inversores tienen historias incluso más increíbles... ¡créeme!

History
All symbols

Profit: 714.99
Balance: 714.99

AUDUSDi, buy 0.50 0.76064 → 0.76148	2017.07.11 06:08 **42.00**
USDCHFi, buy 0.50 0.96682 → 0.96890	2017.07.11 12:58 **107.34**
GBPCHFi, sell 0.50 1.24389 → 1.24800	2017.07.11 10:39 **-212.46**
EURNZDi, buy 0.50 1.57053 → 1.57882	2017.07.11 13:02 **299.15**
USDJPYi, buy 0.50 114.091 → 114.321	2017.07.11 13:02 **100.59**
GBPJPYi, buy 0.50 146.932 → 147.570	2017.07.11 13:02 **279.04**
EURJPYi, buy 0.50 130.001 → 130.285	2017.07.11 13:02 **124.20**
EURNZDi, buy 0.10 1.57541 → 1.57579	2017.07.11 10:30 **2.75**

La imagen anterior muestra una captura de pantalla de una operación desde un teléfono móvil en la plataforma MT4.

Hay seis pares que son compra y un par que es venta. 0,50 significa que se está operando con la mitad de un lote estándar... o unos $5 USD por pip.

Justo debajo de cada par se muestra la variación del precio del par desde que entró al precio de mercado actual. Así, entramos con una compra de AUD/USD en 0,76064 y el mercado desde entonces se ha movido hacia arriba hasta un precio de 0,76148.

0,76148 - 0,76064 = 0.00084

Un movimiento de 8,4 a $5 por pip son aproximadamente $40

De ahí que AUD/USD esté mostrando un beneficio de $42.

¡GBP/JPY luciéndose con un beneficio de $279 en la operación de este día!

¡Sí, podemos, traders de Forex, podemos!

Cuando opero en Forex, no hay límites en mis ingresos. Cuando aprendas a obtener beneficios en Forex de manera consistente, no habrá límites en tus ingresos. ¡Esto es lo que has estado buscando!

Deja que se hunda. Aprende a beneficiarte consistentemente operando en Forex y tus ingresos no tendrán límites.

Hay muchos caminos diferentes hacia la libertad financiera. Forex es sin duda un camino pavimentado con oro, dólares, libras... y yenes.

¿Qué demonios es Forex? Ahora lo sabes. Forex es básicamente reconocer patrones para obtener beneficios. Si puedes hacer esto bien, puedes obtener beneficios ilimitados.

Puedes aprender a obtener ingresos independientes de por vida.

Estoy agradecido de poder compartir lo que he aprendido sobre Forex contigo.

Enseñar siempre me ha ayudado a convertirme en un mejor aprendiz. Te estoy ayudando a que me ayudes.

Un aspecto clave que los inversores pasan por alto son los bloqueos subconscientes sobre el dinero que pueden impedir que te hagas rico.

Puedes quedarte atascado financieramente sin importar las oportunidades que se te presenten.

La mentalidad importa.

Es fundamental reconocer que tienes bloqueos subconscientes que deben eliminarse antes de que tu mente te permita aceptar el éxito.

La estrategia no es tu mayor desafío. Te ofrezco una estrategia sencilla en este libro.

Este libro está aquí para asesorarte en tu viaje por Forex. Juntos trabajaremos para identificar y dominar tu modo de pensar. Juntos podemos centrarnos en cómo navegar con éxito por este océano de dinero de Forex sin ahogarnos en el proceso.

¡Vamos allá!

Empecemos.
Espera... Primero necesitas un salvavidas para tu seguridad. Si pretendes permanecer con vida en tu viaje de trading, nunca operes sin una opción stop pérdidas (chaleco salvavidas).
¿Qué demonios es? Voy a explicar el trading en Forex de una manera tan sencilla que incluso un bebé podría hacerlo. Vamos...

Capítulo 2. ¿QUÉ DEMONIOS ES FOREX?

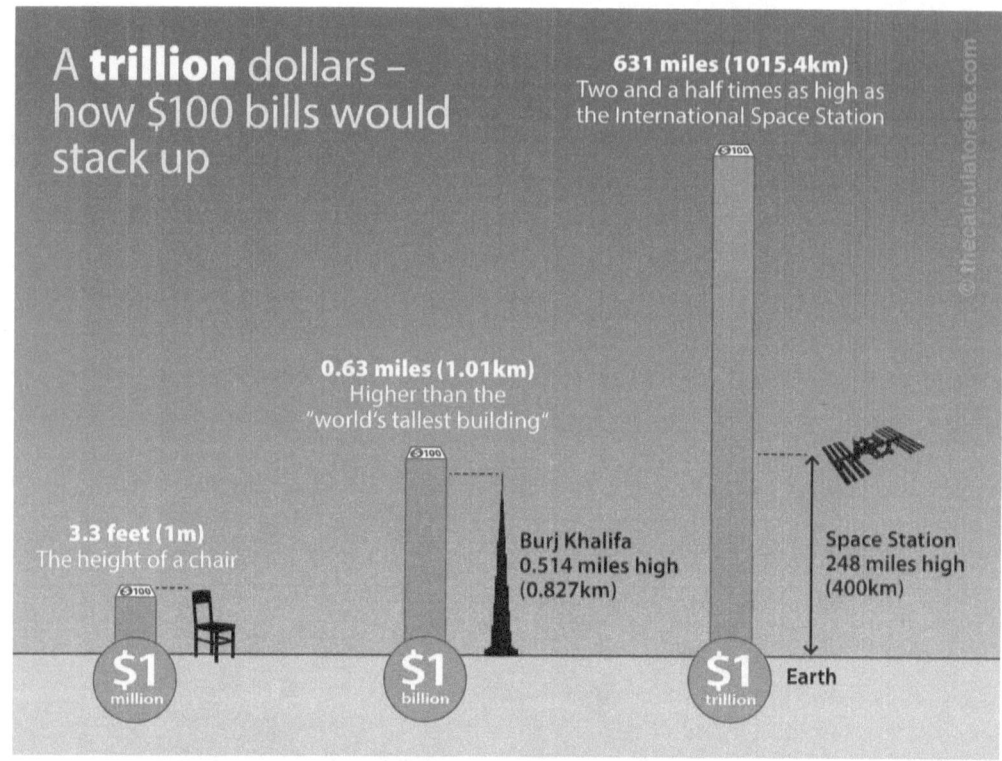

¿Cuánto es un billón de dólares?
$1000 son mil dólares
$1.000.000 es un millón de dólares
$1.000.000.000 son mil millones de dólares
$1.000.000.000.000 es un billón de dólares
https://www.thecalculatorsite.com/articles/finance/how-much-is-a-trillion.php

Así, sabemos que un billón de dólares tiene 12 ceros.
Estamos empezando tu viaje de cero a héroe... y esa es una lista de ceros a acumular. Puede que estas cifras aún signifiquen muy poco para la persona promedio que nunca ha oído hablar de Forex.
Como ejemplo práctico: Un montón de un billón de facturas de un dólar alineadas de extremo a extremo llegarían hasta 1/4 parte del camino hacia la luna y pesarían diez toneladas o 20.000 libras (peso, no GBP).
Mi explicación favorita:

Imagina por un minuto que tienes un billón de facturas
($1.000.000.000.000) guardadas en algún lugar de un estadio de fútbol y
te dicen que tienes que gastarlo todo.
Podrías gastar $54 millones de dólares cada día de tu vida durante 50
años y aún así tener unos pocos miles en cambio de sobra.
Estos serían buenos tiempos... Vamos a entrar en esta mentalidad de
riqueza de Forex.
Dite a ti mismo: "Tengo un billón de dólares para gastar y no tengo
tiempo suficiente para gastarlo."
Eso debería hacerte sentir genial... hacerte sentir como un billón de
dólares.

Eso explica un billón de dólares.
Cada día se intercambian cinco billones de dólares en divisas en el
mercado de divisas mundial.
Es el mayor océano de oportunidades financieras del mundo.
Voy a presentarte lo más destacado de este inmenso y complejo mercado.
Hay mucha información por todo el universo de Internet una vez que
empiezas a buscar.
Mi intención es ofrecerte una guía repleta de acción sobre el método de
análisis y trading que me ha empoderado en mi trading.
Quiero que memorices la palabra CAESER (N. del T.: Julio César)
Este tipo fue uno de los pensadores y líderes más grandes de todos los
tiempos. Fue el primero en tener su cara en una moneda.
Éste es el mnemónico que he creado para ti para que llegues a ser un
maestro de Forex.
Las letras son mi método de que centres tu atención en lo que es
importante.
¡Así es como lo hacemos! Despertamos la riqueza de tu Emperador interior.

CAESAR

Sé que CAESER no es como se escribe el nombre del gran emperador romano, pero es mi ejercicio de licencia poética.
Quiero que domines la riqueza de Forex incluso si pierdes el concurso de ortografía y fallas al deletrear. Serás tan rico que no importará.
Tu imagen interior de tu campeón interior es lo que realmente importa.
Quiero que seas el que domina el juego en Forex. Espero que le cojas el punto, rey o reina de las divisas.
Estamos aquí para despertar a tu emperador (o emperatriz) interior.

C   CONOCE LA FUERZA DE LAS DIVISAS. Mide la fuerza de las divisas. Empieza aquí determinando qué par o pares de divisas son más adecuados para operar. ¿Estás buscando comprar o vender?
A   ANALIZA. Analiza el gráfico más rápido y mejor. Una vez que te hayas decidido, ve a al gráfico de mercado en vivo de esa divisa. Aplica el análisis para encontrar una entrada óptima.
E   ENTRA. Entra en la dirección del trading. Compra un bajo de soporte o vende un alto de resistencia. Busca los niveles pasados de soporte o resistencia que hayan creado niveles de puntos pivote.
S   STOP PÉRDIDAS. Protección contra pérdidas. Usa esto cuando entres en la operación mientras determinas qué cantidad perderás si la operación no sale como tienes pensado. Riesgo vs. recompensa.
E   ESCAPA. El escape (salida) determina tu beneficio. Es mejor tener una salida fijada para todas las operaciones como trader principiante. Te interesa saber dónde abandonar la operación. El beneficio se hace al salir.

R   REPITE esta mierda. Decir palabrotas ayuda a la memoria... confía en mí. ¿Cuál es tu nivel de compromiso con el éxito en Forex? Repite esta mierda. Repite esta mierda.
La repetición es la clave para el éxito consistente. Practica. Practica. Practica. De lo que se trata es de reconocer patrones para obtener beneficios.
Tienes que inculcar hábitos ganadores en tu mente. Es crucial que repitas este mismo proceso exacto 100 operaciones. Practica las rimas para ganar con el tiempo.

Aquí tienes una rima CAESER por si te gusta rapear:
CONOCE LA FUERZA DE LAS DIVISAS, mide la fuerza
ANALIZA los gráficos mejor
ENTRA en la operación en la dirección correcta
STOP pérdidas para protegerte
ESCAPA para obtener los beneficios
REPITE esta mierda
Saca el César que tienes dentro. No te asustes ni tengas convulsiones. Todo el mundo puede aprovechar su grandeza interior.
Practica, practica, practica; y al final acabarás dominando Forex.

Tengo que ver si Jay-Z podría estar interesado en estas letras.
Nunca se sabe hasta que preguntas....
Pero volvamos a la lección que tenemos entre manos.

Rompe tus bloqueos sobre la riqueza y reconstruye tu mentalidad de rico. No puedes ganar más de lo que has aprendido. Sólo puedes ser tan rico como tus pensamientos dominantes te permitan ser. Los conceptos técnicos de Forex son simples de dominar con estudio y práctica.
Dominar el modo de pensar es la parte más difícil de tu viaje hacia el éxito en Forex.
Establece una visión y un objetivo. Si no tienes un objetivo, ¿cómo sabes si estás haciendo progresos?
1. Establece como objetivo que deseas convertirte en un trader de Forex exitoso. Empezamos con el conocimiento de que sólo el 20% de los traders de Forex tienen éxito a largo plazo de manera consistente. Debes definir lo que significa el éxito para ti. Tu explicación debe ser lo bastante fuerte como para hacerte llorar. Define tu razón y ponla por escrito.
2. Edúcate. Me alegro de que estés aquí. Este libro es un principio completo en tu viaje. Sigue leyendo.
3. Aprende cómo se mueve el mercado.
4. Entiende el soporte y la resistencia.
5. Define tu ventaja. Yo me centro en la fuerza versus la debilidad de una divisa para predecir dónde se moverá el mercado a continuación. Hay muchos métodos de análisis en Forex, pero yo me centro en enseñarte cómo interpretar la dirección de FX y operar en esa dirección usando los indicadores de fuerza de las divisas como ventaja.
6. Elige a un broker de confianza y abre una cuenta de demostración (práctica). Practica. Practica. Practica. Cuando hayas analizado y ejecutado mil operaciones, estarás mucho mejor que después de las 100

primeras. La única manera de llegar es seguir los pasos y simplemente hacerlo. C.A.E.S.E.R.
7. Entiende el riesgo versus la recompensa y practícalo en cada operación. Arriesga sólo un 1-2% del saldo total de tu cuenta con cada operación en la que entres. Tu stop pérdidas es tu chaleco salvavidas.
8. Abre una cuenta real con al menos $1000. Arriesgar el 1% por operación significa que puedes operar de forma segura con unos $0.50 por pip usando apalancamiento. Uno de los objetivos como principiantes es conseguir 50 pips netos por día. Eso son $25 por día en tu cuenta de $1000. 20 días de trading rentables (un mes de trading) supone $25 x 20 = $500.
El tiempo necesario para llegar hasta ahí será diferente para cada trader individual pero merece la pena para todos los traders que se ciñan al plan.
9. Practica el trading CAESER. La idea es desarrollar una habilidad consistente. Mantén la motivación sabiendo que es posible obtener un beneficio neto de $6.000 en un plazo de entre diez meses y un año, incluso para un principiante que empieza con $1000. Se ha hecho muchas veces antes en menos tiempo.
10. Los traders intermedios pueden acceder a estrategias de trading de Forex avanzadas y asesoría para obtener beneficios más rápidos en www.firedupforex.com

CAPÍTULO 3. ¿CÓMO SE MUEVE EL MERCADO FOREX?

El mercado Forex se mueve hacia arriba (alcista), hacia abajo (bajista) o de manera lateral (consolidación). Un trader de éxito necesita tener una ventaja en el análisis del mercado.
Como traders, debemos creer que nuestras percepciones sobre el mercado pueden predecir correctamente si el mercado sube, baja o se desplaza lateralmente.
Debemos ser rentables 7 de cada 10 veces que entramos en una operación para obtener un gran éxito.
El beneficio consistente no sólo tiene que ver con elegir la dirección correcta. Con la relación riesgo-recompensa adecuada, podemos acertar sólo la mitad del tiempo y aún así obtener un beneficio neto en nuestras operaciones.

El trading de fuerza de divisas es la ventaja en la que creo yo. No encontré el éxito hasta que aprendí en profundidad el análisis de fuerza de divisas del gestor de fondos de cobertura James en Complete Currency Trader.
James ofrece un medidor gratuito de fuerza de divisas online así como formación estupenda para traders principiantes y avanzados.
Las divisas en el mercado Forex se compran y venden en pares. Los traders de divisas buscan las divisas más fuertes y las compran. Los traders buscan las divisas débiles y las venden.
De los 28 pares de divisas principales que se compran y venden en un día de trading cualquiera, los gráficos que se mueven más son los pares en los que una divisa se debilita y la otra se fortalece. Ésta es la ventaja: emparejar fuerte con débil.

Veamos el par GBP/USD. No todos los pares se crean igual y éste es el par con el que se opera más a menudo. El USD es el estándar de oro de Forex. El 60% de todas las operaciones tienen lugar durante el mercado financiero de Londres. Un gran porcentaje de todas las operaciones son GBP/USD.
La libra esterlina (GBP) es la divisa dominante de este par.
La divisa dominante aparece primero en cualquier par de divisas.
A. Cualquier evento o anuncio económico que fortalezca a la libra esterlina hará que el gráfico GBP/USD se mueva hacia arriba (alcista)
B. Cualquier evento o anuncio económico que debilite a la libra esterlina hará que el gráfico GBP/USD se mueva hacia abajo (bajista)
El USD también afecta al movimiento de este par.
C. Cualquier evento o anuncio económico que fortalezca al USD hará que el gráfico GBP/USD se mueva hacia abajo (bajista)
D. Cualquier evento o anuncio económico que debilite al USD hará que el gráfico GBP/USD se mueva hacia arriba (alcista)
Ésta es la esencia del análisis de fuerzas de divisas.
Permite a los traders examinar la fuerza relativa de las divisas individuales dentro de los pares para determinar la dirección.
La clave del beneficio en Forex está en elegir la dirección correcta del movimiento de mercado y luego operar en esa dirección.

El mayor movimiento hacia arriba (alcista) en el par GBP/USD ocurre cuando el GBP se fortalece al mismo tiempo que se debilita el USD. (Esto significa comprar GBP/USD para obtener un gran beneficio).
La mayoría de los traders ven la tendencia y entran como compradores. Esto produce una menor disponibilidad del GBP (más demanda) y aumenta rápidamente el precio del par. Tendencia alcista.

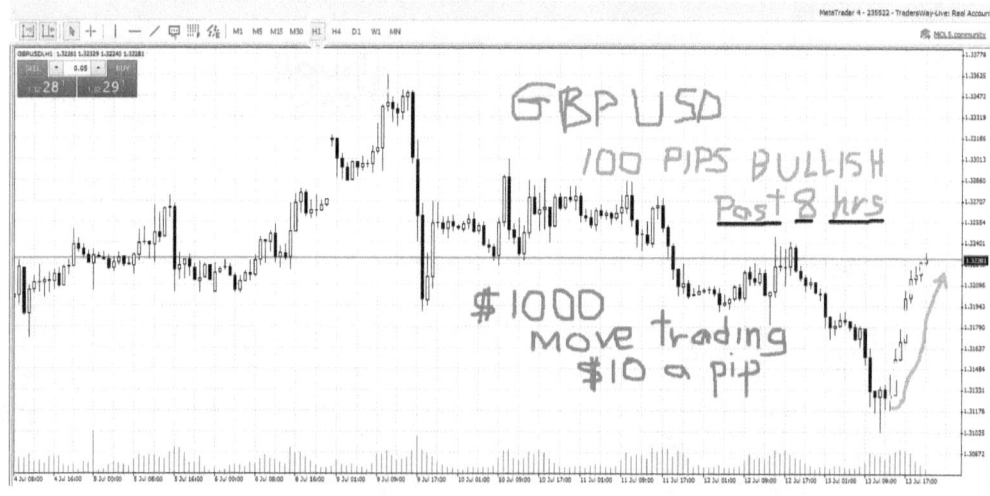

Lo contrario es cierto:
El mayor movimiento hacia abajo (bajista) en el par GBP/USD ocurre cuando el GPB se debilita al mismo tiempo que el USD se fortalece. (Esto significa vender GBP/USD para obtener un gran beneficio).
La mayoría de traders verán la tendencia y entrarán como vendedores de este par de divisas. Esto conduce a una mayor disponibilidad del GBP (más oferta) y a un descenso rápido del precio del par. Tendencia bajista.

Medir la fuerza y la debilidad de las divisas

Esta imagen muestra los gráficos gratuitos en vivo del medidor de fuerza de divisas. www.livecharts.co.uk/currency-strength.php

Muestra la fuerza relativa de las divisas principales.
Aquí es donde acudo para analizar rápidamente el mercado Forex en vivo. Luego veo qué par de divisas puede ser ideal para operar en un momento determinado.
Realizo un análisis sobre ese par y decido si debería entrar en una operación.

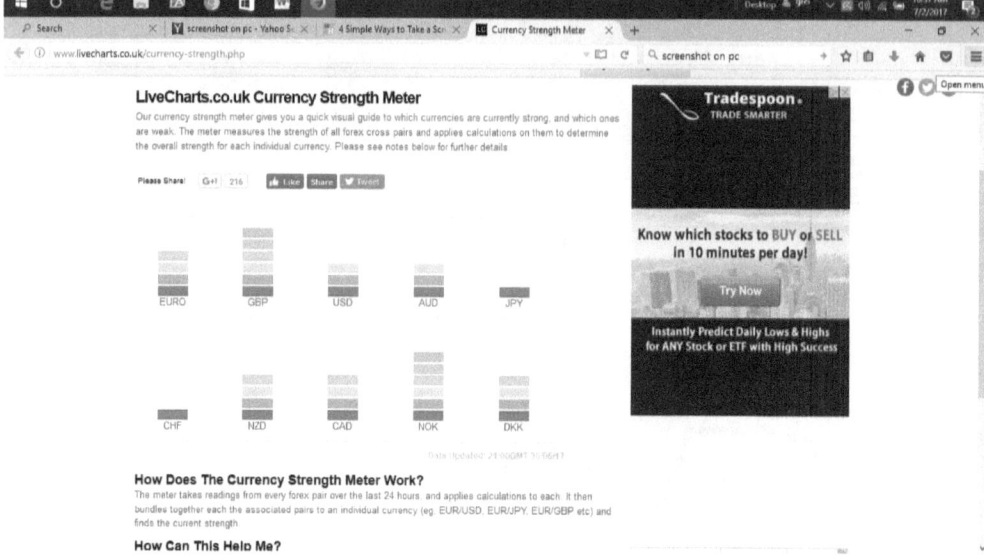

¿Cómo funciona? Esta captura de pantalla muestra que el GBP está muy fuerte.
También muestra que el CHF (franco suizo) y el JPY (yen japonés) son muy débiles.
Eso suele significar que los traders querrán comprar la libra y vender el yen.
1. El par GBP/JPY está siendo negociado activamente.
2. Los traders son alcistas en GBP/JPY.
3. Busca oportunidad de compra en GBP/JPY.
4. El CHF (franco suizo) también está muy débil. Intenta entrar en una operación de compra en el par GBP/CHF también.
5. Planifica tu operación y opera según tu plan.
6. Cíñete al plan, usa la ventaja del análisis de fuerza de divisas, aplica la gestión de riesgos para entrar y salir, y obtén beneficios consistentes.

Una vez que entiendes cómo analizar y operar con GBP/JPY, puedes aplicar los mismos conceptos para analizar y operar con cualquiera de los 28 pares de divisas principales.
Los 2 gráficos siguientes muestran cómo el análisis de fuerza de divisas puede revelar la oportunidad de trading en el par AUD/CHF.
Esto es un claro ejemplo de como comprender los patrones en Forex puede traducirse en beneficios.

El AUD está fuerte, y el CHF está débil en el medidor de fuerza de divisas. Emparejamos el más fuerte con el más débil y observamos el gráfico AUD/CHF en busca de una oportunidad.

La segunda imagen muestra el gráfico AUD/CHF por horas. Comprar en las últimas 24 horas habría producido 100 pips netos o más.
Un gran beneficio para un día de trading. Y ese es sólo uno de los muchos pares de divisas disponibles para operar.

CAPÍTULO 4. ¿CUÁLES SON LOS FUNDAMENTOS DE FOREX? ¿QUÉ ES LO BÁSICO?

Alcista, bajista, soporte y resistencia... eso es todo lo que necesitas saber para obtener beneficios. Domina estos conceptos y te irá genial.
Los pares de divisas forman los gráficos con los que se opera en el mercado Forex. Estos pares se mueven constantemente en oleadas. Los gráficos se mueven arriba, abajo y lateralmente.
El Dr. Vinoop dice que un gráfico es un gráfico. Puedes analizar y operar con materias primas como el oro, el petróleo y la plata de manera similar que con el par de divisas GBP/USD.
Este mentor es un trader de posiciones que analiza principalmente el soporte y la resistencia, independientemente de aquello con lo que esté operando.
El mercado se moverá hacia arriba, hacia abajo, o lateralmente (consolidación o rango).
Forex es único porque puedes entrar en el mercado en cualquier momento como comprador o como vendedor de divisas.
Cuando entras en una operación, debes decidir si eres alcista (bull/toro) o bajista (bear/oso).
Aparte del hecho de que obviamente son animales diferentes, estos términos tienen significados especiales en los mercados financieros.
Me gusta la imagen gráfica de estar bajo el ataque de cualquiera de estos animales. Me ayuda a visualizar la diferencia.

¿Qué es un toro?

Un toro te ataca y te lanza hacia arriba. Los traders de tipo toro (alcistas) piensan que el mercado va hacia arriba y entran en una operación comprando (en largo).
Si soy un toro en el GBP, compraré GBP/USD y otros pares GBP. Si soy un toro en el oro, compraré oro. Si soy un toro en Amazon, compraré acciones de Amazon.
Los toros son compradores que impulsan el mercado hacia arriba. Los toros ven la fuerza o creen que el mercado es fortalecedor.
Si crees que a Australia le va bien económicamente o políticamente, querrás comprar los pares de divisas AUD/USD y AUD/JPY.
Tú decides entrar al mercado comprando
a. Si compras durante unos minutos y cierras la operación... eres un especulador.
b. Si compras durante unas horas y cierras la operación... eres un trader de día.
c. Si compras durante unas semanas o meses y luego cierras la operación... eres un trader de posiciones (a largo plazo).

¿Qué es un oso?

Un oso ataca y te golpea hacia abajo. Imagina un oso pardo acercándose a ti sobre sus patas traseras.

Los traders de tipo oso (bajistas) piensan que el mercado se hunde y entran vendiendo (en corto). Si soy un bajista de dólares canadienses (CAD), venderé CAD/JPY y otros pares CAD.

Si soy bajista en plata, venderé plata. Si soy bajista en hamburguesas, puede que venda acciones de McDonalds. Los osos son compradores que piensan que los mercados se están debilitando y que es hora de vender (en corto) la divisa. Si eres bajista en la economía o la política del Reino Unido, entonces venderás GBP (libras). (El Brexit se aproxima... teme a los osos)

Tú decides entrar en el mercado vendiendo

a. Si vendes durante unos minutos y cierras la operación... eres un especulador.

b. Si vendes durante unas horas y cierras la operación... eres un trader de día.

c. Si vendes durante unas semanas o meses y luego cierras la operación... eres un trader de posiciones (a largo plazo).

En el trading de Forex, el margen de tiempo determina qué tipo de trader eres. Es importante determinar qué margen de tiempo encaja con tu tipo de personalidad.

¿Te aportarán pasión y beneficio a largo plazo las operaciones por horas, por días o por semanas?

¿Quieres tener beneficios rápidos y pérdidas rápidas y salir? Entonces puede que la especulación sea lo tuyo.

¿Quieres operar durante unas horas cada día y mantener una posición durante una o dos noches como mucho? Entonces eres un trader de día.

¿Quieres entrar en una operación a largo plazo, fijarla y olvidarte durante un mes o seis meses? Entonces eres un trader de posiciones.

Así es como opera el Dr. V... y opera en dólares. Los traders de posiciones exitosos amasan una gran riqueza. Mantienen posiciones durante meses hasta que el precio alcanza su objetivo.

El mercado mueve cientos y miles de pips de beneficio en cada operación a lo largo de esos meses.

Cada tipo de trading tiene su ventajas y sus inconvenientes.

Tú puedes decidir qué estilo o combinación de estilos de trading te funciona mejor.

Personalmente, me resultan menos estresantes el trading de día y el trading a largo plazo. Esto está más en sintonía con mi modo de operar. Tengo hipertensión arterial crónica y la especulación es como una olla a presión para mí. El estrés no le sienta bien a mi mente ni a mi cuenta bancaria.

Puede que a ti te funcione. Una olla a presión produce comidas rápidas en espacios de tiempo muy cortos. Por otro lado, si no sabes cómo usarla con seguridad, los resultados pueden ser desastrosos.

Como nota al margen, puedes echar un vistazo a mi libro de recetas de Belice en http://www.amazon.com/dp/B00H1CVSMY

El hecho es que me encanta cocinar casi tanto como comer. Soy un autor de libros de recetas éxito de ventas. Eso es para aquellos que desean explorar y disfrutar la cocina exótica caribeña.

Aquí estamos explorando conceptos fundamentales y críticos para tu éxito en el trading. Es importante que te relajes y dejes reposar estas ideas...

Capítulo 5
SOPORTE Y RESISTENCIA
Suelo de soporte y techo de resistencia

El Dr. Vinoop es un anestesista que es un buen amigo y mi mentor favorito. Es el jefe de nuestro equipo de cirugía y hemos practicado la medicina juntos durante los últimos siete años.
También me ha asesorado sobre trading. Es un trader autodidacta de mucho éxito. Parece que sus conocimientos, su sabiduría y su humildad no tienen límites.
El Dr. V es un trader de posiciones. He perdido la oportunidad de ganar miles de dólares muchas veces por no haber escuchado su opinión respecto hacia dónde se dirigen los mercados FX en el transcurso de unos meses.
Él opera usando principalmente soporte y resistencia para analizar el mercado a largo plazo.
El Dr. V aplica los principios del SOPORTE y la RESISTENCIA por igual para analizar y operar con acciones, materias primas y divisas.
Existen miles de indicadores y sistemas de Forex diferentes para predecir el movimiento del mercado.
La mayoría de ellos miden los niveles ocultos de soporte y resistencia. Estoy tratando estos conceptos ya que son lo más básico del trading.

EL SOPORTE es un SUELO

Los compradores o toros proporcionan soporte. Cuando la dirección del mercado va hacia abajo, es porque está siendo dominada por vendedores (osos). Más gente está vendiendo el par de divisas de la que lo está comprando.
En algún punto, los compradores intervienen y empiezan a comprar en grandes cantidades. El frenesí de venta llega a su fin y los compradores toman el control (soportando la divisa).
Este nivel de cambio de dominio del vendedor al comprador marca un punto de inflexión (pivote) en el gráfico (bajo)

LA RESISTENCIA es un TECHO
Los vendedores u osos ofrecen resistencia. Cuando la dirección del mercado va hacia arriba, es porque está siendo dominada por los compradores (toros).
Más traders están comprando el par de divisas de los que lo están vendiendo. En algún momento futuro, los vendedores intervienen y empiezan a vender en grandes cantidades.
El frenesí de compra llega a su fin y los vendedores toman el control (ofrecen un techo de resistencia).
Este nivel de cambio de dominio del comprador al vendedor marca un punto de inflexión (pivote) en el gráfico (alto)
Como principio general, los niveles pasados de soporte y resistencia suelen convertirse en niveles futuros de soporte y resistencia.
¿Por qué es cierto esto?
Los traders suelen entrar y salir del mercado comprando o vendiendo a niveles donde entraron o salieron grandes cantidades de compradores o vendedores en el pasado.

En cualquier gráfico, mira a la izquierda. El movimiento pasado es uno de los mejores indicadores de los movimientos futuros. Estudia bien el gráfico que viene en los puntos pivote hasta que aprendas este importante concepto.
Ahora, has decidido que es hora de comprar.
El siguiente paso es determinar cuándo es el mejor momento para ENTRAR en una operación comprando.
Tienes que buscar el siguiente nivel de soporte. Es una señal que indica que los compradores están tomando el control o dominando el mercado.
Esto también se aplica si quieres vender (en corto) en el mercado.
Tienes que determinar cuándo es el mejor momento para ENTRAR en el mercado vendiendo. Tienes que predecir el siguiente nivel de resistencia. Busca una señal que indique que los compradores están tomando el control y dominando el mercado.

Puntos de pivote (niveles fuertes de soporte y resistencia)

El diagrama anterior muestra una línea de punto de pivote (línea roja gruesa) en un gráfico diario.
Esto significa que cada vela consiste en el rango de movimiento de precios en el par de divisas durante 24 horas.
El gráfico completo muestra cómo ha variado el precio en el transcurso de unos pocos meses a un año.
La línea roja gruesa es un punto de pivote del precio para esta divisa. Observa cómo el gráfico de divisas tiende a pivotar (giro en U) cuando se acerca a este punto de precio (línea roja).

Los traders buscan patrones. De alto interés son:
a. Niveles de soporte - círculos azules en el suelo de soporte.
b. Niveles de resistencia - círculos azules en el techo de resistencia.
c. Soporte pasado que se convierte en resistencia futura - el primer círculo azul pequeño en la gran línea roja del punto de pivote muestra un soporte de suelo.
Los otros 3 círculos azules pequeños muestran cómo se convierte en resistencia en un momento futuro.
d. Resistencia pasada que se convierte en soporte futuro.
e. Nivel de punto de pivote - La línea roja grande muestra un punto de pivote importante en el nivel de precios para este par de divisas. Ni siquiera importa qué par de divisas es. Todos los pares se comportan de manera similar y siguen estos principios.

Los traders tratan ansiosamente de predecir los puntos de pivote para determinar cuándo:
1. ENTRAR en el mercado comprando o vendiendo.
2. SALIR del mercado comprando o vendiendo si ya están en una operación.
3. MANTENERSE FUERA del mercado si la operación no encaja con el plan.
MANTENERSE FUERA de un mercado picado suele ser más importante para obtener beneficios consistentes a largo plazo que entrar en una operación.
Este punto no se puede enfatizar lo suficiente. Todas las veces que he intentado seguir una tendencia de mercado y he entrado en el mercado sin muchas ganas he acabado perdiendo dinero en la operación.
Por favor entiende que cuando solicites un análisis de fuerza de divisas empezarás a ver un montón de oportunidades perdidas y querrás entrar para llegar al final de la jugada.
El mercado invertirá la dirección y te parará los pies tan pronto como hagas esto. No es bueno.

Es la naturaleza humana dejar que nuestra codicia supere nuestras necesidades.
Ahí es donde la disciplina y la gestión de nuestras emociones es clave.
Es incluso más crítico para nuestro éxito constante que aplicar una estrategia técnica a los mercados.

¿Qué mentor de Forex es adecuado para ti?
Hay muchos mentores de Forex que se quedan atrapados enseñando a los estudiantes a analizar el mercado y olvidan centrarse en enseñar los pasos del trading real.
Cuando empecé a aprender trading de Forex, quedé cautivado por la precisión matemática de cómo puede moverse el mercado para realizar una secuencia matemática de Fibonacci.
Yo no he usado Fibonacci en tres años desde que me enseñaron el análisis de fuerza de divisas y me funcionó bien.
Es importante que determines qué tipo de trader eres y que sigas a aquellos mentores que te enseñen a operar según tus puntos fuertes individuales.
Si consigues dominarte y tener una base sólida, puedes tener éxito con cualquier sistema.
Si intentas operar con el método o sistema de otra persona sin entender lo básico... estarás condenado al fracaso (o a la bancarrota) mientras intentas averiguarlo.
Mis primeros mentores me comunicaron muy bien la teoría.
En la práctica, me sentí perdido cuando intenté aplicar sus teorías para operar con mi cuenta.
No quiero que esto te ocurra a ti. Esa es la razón por la que he sobresimplificado el enfoque introductorio.

El atajo que realmente necesitas dominar son los pasos de CAESER..
C
CÓMO DETERMINO LA FUERZA DE LAS DIVISAS
A
CÓMO LEO LOS GRÁFICOS PARA CONFIRMAR UNA TENDENCIA ALCISTA O BAJISTA EN MI PAR DE DIVISAS DE ELECCIÓN
E
¿DÓNDE ENTRO? ¿CÓMO ENTRO EXACTAMENTE EN UNA OPERACIÓN?
S
¿DÓNDE PONGO MI STOP LOSS? ¿CUÁNTOS PIPS PUEDO PERDER SI EL MERCADO SE MUEVE EN DIRECCIÓN CONTRARIA A MI ANÁLISIS?
E
¿DÓNDE SALGO PARA MAXIMIZAR MIS BENEFICIOS?
R
REPITE EL PROCESO... LA IMPORTANCIA DE LA PRÁCTICA

Ya hemos visto el análisis de puntos fuertes y débiles de las divisas a través del medidor de gráficos en vivo.
El trader de divisas James Edward ofrece una enseñanza profunda al respecto.
También tiene un medidor gratuito disponbile en su sitio web. Su medidor de fuerza de divisas es dinámico.
Puede ayudarte a analizar las tendencias en la fuerza de las divisas durante los últimos minutos, horas y días.
Ofrece una formación introductoria gratuita excelente en su seminario web.
Yo estudio cómo usar su medidor de divisas gratuito para avanzar en el trading en mi próximo libro: Fired Up Forex.
La mayoría de las otras preguntas pueden ser respondidas por el movimiento del mercado y los puntos de inflexión.
Hemos visto los altos y los bajos, el soporte y la resistencia, y los puntos de pivote.
Identificar estos patrones define los puntos de entrada y salida ideales para todos los tipos de trading.
En Forex, tenemos oportunidades casi ilimitadas de obtener beneficio.
Podemos entrar en el mercado en cualquier momento como comprador o como vendedor.
El consejo de inversión universal sigue siendo aplicable.
Queremos comprar bajo y vender alto.
Los traders quieren comprar bajo a nivel de soporte y vender alto a nivel de resistencia.
Queremos predecir dónde es más probable que esté el próximo punto de inflexión del mercado.
¿Por qué?
Los mercados de divisas se mueven constantemente hacia arriba, hacia abajo y lateralmente.
Los indicadores más útiles son aquellos que nos muestran dónde cambia de rumbo el mercado (puntos de pivote).
Es fácil detectar un mercado alcista. El gráfico va hacia arriba a medida que la acción del precio del par de divisas sube cada vez más.
Es fácil detectar un mercado bajista. El gráfico va hacia abajo, y la acción del precio del par de divisas baja cada vez más.
Lo que puede ser difícil de predecir consistentemente es dónde cambiará de rumbo el mercado.
¿Dónde la tendencia alcista pasará a ser bajista?
¿Dónde la tendencia bajista pasará a ser alcista?

Vamos a imginar que ya estás en una operación.

Eres un toro y has entrado en el mercado comprando a un bajo de soporte (punto de pivote). El mercado va hacia arriba.
Tú quieres salir para obtener beneficios la próxima vez que el mercado cambie de dirección hacia abajo.
Para beneficiarte como comprador, debes salir del mercado a un precio por encima de dónde entraste.
Si sales al mismo nivel que entraste, te quedas igual.
Si sales a un precio más bajo del que entraste, pierdes dinero.
Necesitamos saber dónde salir para obtener beneficio. ¿Dónde está la SALIDA?

El siguiente punto de inflexión del par de divisas con el que estás operando puede estar en un nivel pasado del soporte del mercado.
Puede estar en un nivel pasado de resistencia del mercado.
Puede estar en un punto de pivote.
Puedes recibir un aviso cuando reconozcas que está apareciendo una formación de velas fuertemente alcista.
Si los osos están tomando el control, puede que sea el momento de abandonar la operación de compra y prepararte para vender.
Por eso todos estos conceptos son importantes. Comprenderlos protege tus beneficios y evita las pérdidas cuando estás operando.

Resumen del método de trading en Forex y de tu oporunidad

Forex es único porque también puedes entrar en el mercado como vendedor.
Nos beneficiamos comprando bajo y vendiendo alto como en el mercado de valores.
Sin embargo, en Forex podemos entrar vendiendo un alto de resistencia (punto de inflexión) y luego salir comprando un bajo de soporte (punto de inflexión).
Es justo lo contrario de entrar como comprador según lo descrito anteriormente.
Esto puede ser confuso. Y no quiero que te confundas. Sólo debes saber que, como trader de Forex, puedes ganar dinero comprando en la dirección adecuada.
También puedes ganar dinero vendiendo en la dirección adecuada.
Puedes ser un comprador y un vendedor en el mercado de Forex muchas veces en el mismo día de trading... incluso dentro de una misma hora.
También puedes vender GBP/USD cuando el mercado de Londres abra a las 3:00 AM EST.
Cuando el mercado estadounidense abra a las 8:00 AM EST, el mercado puede cambiar de dirección a medida que los traders de Estados Unidos y los eventos empiecen a afectar al USD.
Puedes decidir salir de tu operación de venta y comprar este mismo par cuando los traders se vuelvan alcistas en el par GBP/USD. Ahora eres un comprador.

Más tarde por la tarde, el mercado puede cambiar de dirección otra vez, y puedes decidir vender el par. Introduces una orden de venta y una vez más eres un vendedor.
Si analizas correctamente la dirección en la que se está moviendo el mercado en el momento preciso de operar, puedes beneficiarte.
ENTRAS comprando mientras el mercado va hacia arriba.
También puedes SALIR cuando vuelve a bajar.
Luego tienes la opción de ENTRAR vendiendo cuando el mercado empieza a ir hacia abajo.
Las siguientes imágenes muestran un movimiento bajista que genera beneficios tras una orden de venta.

ANTES DE LA ORDEN DE VENTA

DESPUÉS DE LA ORDEN DE VENTA

¿POR QUÉ IMPORTA MI MODO DE PENSAR EN LA RIQUEZA?

Hemos guardado la parte más difícil para el final... la mentalidad del trader y su inteligencia emocional.
¿Cómo reconozco y libero mis bloqueos psicológicos y emocionales para crear, mantener y aumentar mi riqueza y mi éxito?
Mi colega Barry Baroudi pesca y libera tarpones, y es uno de los mejores pescadores de Florida.
Antes de poder liberar... tienes que ser capaz de pescar.
No podemos liberar los bloqueos mentales que no sabemos que tenemos.
Esto no sólo se aplica al trading de Forex, sino también a todo lo demás en tu vida. La mentalidad es la cuestión más importante.
Personalmente solía salir de las operaciones antes de tiempo por miedo a perder.
Provengo de unos comienzos humildes y mi mente no paraba de decirme que me retirara en cuanto mi operación estaba en beneficio.
Tuve que reconocer esto como un punto débil para mantener mis manos alejadas de mis operaciones y ceñirme al plan.
El jefe de FX nos dijo que no tocáramos una operación una vez ejecutada.
¡Pero a mí me impulsaban fuerzas que sólo mi niño interior podía comprender!
Debes afrontar tus propios demonios de miedo y codicia en tu viaje de trading. ¡Puedes triunfuar, sí que puedes!

El trading de Forex es una herramienta increíble e incomparable para generar riqueza. Es una herramienta. El éxito o fracaso de tu viaje por Forex está sujeto a los errores del usuario. La realidad es que sólo el 10-15% de aquellos que intentan operar en Forex obtienen beneficios de manera consistente.

¿Por qué fracasan muchos de los que prueban el trading en Forex?
- No tienen suficiente educación. Si estás leyendo este libro, estás siendo educado.
- No tienen un plan de trading.
- No creen en su ventaja o habilidad.
- Destruyen su cuenta debido a una mala gestión del riesgo.
- No creen en su potencial para el éxito en el trading ni en nada que intentan para lograr un cambio positivo.
- Están dominados por el miedo y la codicia.
- Tienen bloqueos psicológicos profundos respecto al dinero, los beneficios y el éxito financiero.

Los pensamientos provocan sentimientos.
Los sentimientos conducen a las acciones.
Las acciones crean nuestra realidad - T Harv Eker.

De ahí que nuestros pensamientos se conviertan en realidad...
Cada éxito y fracaso en nuestras vidas a día de hoy está determinado por nuestros pensamientos y creencias dominantes y subconscientes.
Nuestros pensamientos se convierten en cosas - Neville Goddard.

¿Por qué no has creado aún la abundancia financiera? He descrito un sistema que puedes seguir para alcanzar el éxito. Si eres como yo, habrás visto, aprendido e invertido en muchos sistemas de generación de riqueza en el pasado.
Quizás necesitamos examinar más a fondo tus creencias. ¿Qué opinas?
¿Crees algo de lo siguiente?
- Nada bueno llega fácilmente
- La gente rica es mala
- El dinero es el mal
- El dinero no crece en los árboles
- Siempre acabas gastando más de lo que ganas
- No puedes ganar dinero en esta economía
- Los bancos y el gobierno están para pillarte y mantenerte pobre

Si tienes éstas u otras creencias financieras negativas, entonces de algún modo tomarás malas decisiones de trading y acabarás perdiendo el dinero que ganes.
Tu mentalidad prevalecerá siempre sobre cualquier habilidad a la larga. El éxito es un trabajo interno.
Trabaja en tu plan financiero y luego manifestarás el éxito que veas en los maestros traders.
Pero el hecho de que todo parezca fácil cuando los maestros lo hacen, no significa que vaya a ser fácil para ti.

Estoy aquí para desvelar la posibilidad y el potencial de este inmenso mercado financiero. No estoy aquí para ofrecer ninguna garantía de éxito. Normalmente hacen falta diez años o más para lograr un gran éxito.

Si estás buscando una solución rápida, ten cuidado. Te puedes ahogar fácilmente. El hecho es que hasta el 85% de los traders que intentan nadar en el océano de Forex se ahogan.
Hunden su cuenta antes de poder aprender cómo obtener beneficios consistentemente.
Sólo porque haya un océano de un billón de dólares no significa que la mayoría no se ahoguen en él.

Quiero que tengas éxito. Por eso escribí este libro.
Quiero que marques una diferencia positiva en tu vida para que puedas marcar una diferencia en las vidas de los demás que dependen de ti.
Por eso te estoy tan agradecido por darme la oportunidad de poder guiarte y ayudarte.
Elevo mi conocimiento y mis habilidades reuniendo lo que he aprendido y enseñándotelo a ti.
Te invito a que sigas mis vídeos entretenidos y educativos en YouTube. Suscríbete para que puedas hacer preguntas y compartir tus desafíos en el viaje del trading. Estoy desarrollando un curso de formación para servirte, y tus preguntas específicas son importantes.
Te animo a que me sigas en mi página de Facebook (enlace) y a que te suscribas a mi boletín informativo de correo electrónico sobre Fired Up Forex en www.firedupforex.com

Puedes recibir correos electrónicos semanales así como mentoría y soporte diario sobre Forex desde mi perspectiva única. Casi he terminado de escribir un libro sobre estrategias avanzadas de Forex que añadiré a mi lista en www.firedupforex.com

Gracias, thank you, merci, grazie

Gracias por comprar este libro. Gracias por tomar medidas... La mayoría de la gente ni siquiera da un pequeño paso para alcanzar sus sueños. Tengo la esperanza de que podrás responder con confianza la próxima vez que alguien te pregunte qué demonios es Forex.

También deberías ser capaz de usar este libro como guía en tu propio viaje hacia la generación de una riqueza consistente operando en el mercado Forex.

Por favor utiliza los enlaces del sitio web que he puesto al final para obtener más información y ayuda en tu viaje.

Firma

Gregory Arana
Autor
www.firedupforex.com

Para más información, sugerencias y comentarios, escribe por favor un correo electrónico a: gregory.arana@gmail.com

MEDIDOR DE FUERZA DE DIVISAS EN
www.livecharts.co.uk/currency-strength.php

ANUNCIOS QUE AFECTAN A LOS MERCADOS DE DIVISAS
www.forexfactory.com

GRÁFICOS DE FOREX
www.tradingview.com

BROKER DE CONFIANZA PARA TRADERS DE EE.UU.
www.forex.com

BROKER DE FOREX INTERNACIONAL CON BUEN APALANCAMIENTO
www.tradersway.com

INFORMACIÓN COMPLETA SOBRE INVERSIONES
www.investopedia.com